AF498950

SOCIÉTÉ NATIONALE D'AGRICULTURE DE FRANCE
(15 FÉVRIER 1888)

ÉLOGE

DE

M. CHEVANDIER DE VALDRÔME

PAR

M. BOUQUET DE LA GRYE
VICE-SECRÉTAIRE DE LA SOCIÉTÉ NATIONALE D'AGRICULTURE

PARIS
TYPOGRAPHIE GEORGES CHAMEROT
19, RUE DES SAINTS-PÈRES, 19

1888

Ln27 7563

ÉLOGE

DE

M. CHEVANDIER DE VALDRÔME

SOCIÉTÉ NATIONALE D'AGRICULTURE DE FRANCE
(15 FÉVRIER 1888)

ÉLOGE

DE

M. CHEVANDIER DE VALDRÔME

PAR

M. BOUQUET DE LA GRYE

VICE-SECRÉTAIRE DE LA SOCIÉTÉ NATIONALE D'AGRICULTURE

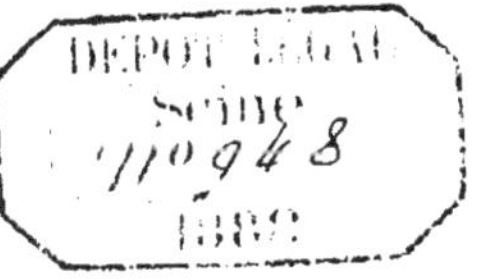

PARIS
TYPOGRAPHIE GEORGES CHAMEROT
19, RUE DES SAINTS-PÈRES, 19

1888

ÉLOGE

DE

M. CHEVANDIER DE VALDRÔME

Au commencement de ce siècle, quand les rares industries qui avaient échappé à la tourmente révolutionnaire essayaient de se relever, M. de Guaita, qui administrait la verrerie de Saint-Quirin, au nom d'une société dont il était un des principaux actionnaires, fit venir de Lyon un jeune chimiste auquel il confia le soin de diriger la fabrication de cette usine.

Le jeune homme était instruit, actif et de jolie tournure; il fut apprécié par M. de Guaita et sut plaire à sa fille, qu'il épousa en 1805.

C'est ainsi que le nom de Chevandier de Valdrôme, qui est celui d'une des branches de la famille des Chevandier du Dauphiné, fut implanté en Lorraine, où il acquit une si juste notoriété.

Le second des quatre enfants issus de ce mariage, celui qui fut notre confrère, vint au monde le 15 août

1810 ; il reçut les prénoms de Jean-Pierre-Eugène-Napoléon.

Les premières années de son enfance se passèrent à Saint-Quirin, où il fut élevé sous les yeux vigilants de ses parents. A douze ans il fut mis au collège de Phalsbourg, où il resta deux années ; puis son père le fit revenir près de lui et le confia, ainsi que ses deux autres fils, à un excellent précepteur, qui sut se faire aimer de ses élèves, tout en leur donnant une solide instruction.

Eugène était un garçon vigoureux et hardi. Ardent au travail comme au plaisir, il aimait à suivre, dans les vastes halles de l'usine, le travail des ouvriers, qui, à l'aide d'un simple tube en fer, transforment en lames minces et transparentes les bulles de verre incandescent.

Mais il aimait au moins autant les longues excursions et la chasse dans les grandes forêts qui entourent Saint-Quirin et se continuent jusqu'aux grands massifs des Vosges.

Ainsi initié dès sa plus tendre enfance à la pratique de l'art du verrier, fortifié par l'air balsamique des sapinières, habitué à observer les phénomènes de la nature, il était admirablement préparé à devenir, ce qu'il fut par la suite, un grand industriel, un savant forestier.

Quand son éducation fut à peu près terminée, le jeune Chevandier fut envoyé au collège de Strasbourg pour y faire sa philosophie et subir l'examen du baccalauréat.

La chaire de philosophie était alors occupée par un homme d'un grand savoir et d'une foi ardente, dont l'éloquence persuasive produisit une si profonde impression sur l'esprit de son élève, que M. Chevandier, qui destinait son fils à la carrière industrielle, craignit de le voir entraîné, par son imagination exaltée, dans la voie de l'apostolat chrétien. Il lui fit quitter Strasbourg, sans même attendre la fin de l'année scolaire.

Après quelques mois de voyages, pendant lesquels ses velléités de vocation religieuse s'effacèrent, le jeune homme fut envoyé à Paris pour se préparer à suivre les cours de l'École centrale, institution de création récente que son père jugeait, avec raison, convenir, mieux que le séminaire, à ses aptitudes. Ses prévisions ne furent pas déçues.

Admis à l'École centrale en 1831, Eugène Chevandier fut bientôt jugé capable d'y remplir les fonctions de répétiteur des cours de géométrie descriptive, de mathématiques et de chimie. A sa sortie, il fut nommé chef des travaux du laboratoire de chimie, situation qui lui permit de poursuivre l'étude de cette science sous la direction de M. Dumas, dont il fut un des élèves favoris. Mais il dut bientôt abandonner le laboratoire de l'école pour appliquer, sur un plus vaste théâtre, les connaissances qu'il y avait acquises, car il fut rappelé par son père, qui avait besoin d'être secondé dans la gestion des établissements industriels de la Société de Saint-Quirin, dont l'importance s'était beaucoup accrue. Grâce à son activité et à son entente des affaires, M. Chevandier avait, dans les premières années de son mariage, amené la verrerie de Saint-Quirin à un haut degré de prospérité ; mais il ne s'était pas contenté de ce succès. Il savait que toute industrie qui ne progresse pas ne tarde pas à déchoir, et pour éviter ce sort à celle qu'il dirigeait, il sentit la nécessité de se mettre au courant des progrès de la chimie. Il vint dans ce but à Paris, où il suivit les leçons d'un élève de Vauquelin, qui jeune encore s'était déjà fait un nom dans la science. Ce nom, aujourd'hui illustre, est celui du confrère vénéré qui prend encore, aujourd'hui qu'il est devenu une de nos gloires nationales, le titre modeste de doyen des étudiants de France.

L'élève de M. Chevreul fit honneur à son maître. Il acquit en 1816, pour le compte de la société dont il gérait les affaires, les forges de Cirey, dont les feux venaient de s'éteindre et il y établit une fabrique de glaces qui devint bientôt plus importante que la verrerie de Saint-Quirin.

Devenu chef d'une industrie puissante, M. Chevandier avait acquis par la noblesse de son caractère, par son dévouement aux intérêts du pays dont il avait fait la fortune, une si grande influence, qu'il ne put refuser le mandat de député qui lui fut spontanément offert en 1831. En 1835, il voulut se retirer pour se consacrer exclusivement à son industrie; mais bien qu'il eût protesté contre une faveur qui devait modifier tous ses projets, le roi lui conféra la haute dignité de pair de France, que les instances de sa famille et de ses amis le décidèrent à accepter.

Comprenant alors qu'il ne pourrait plus donner tous ses soins à ses entreprises industrielles, il fit venir son fils pour les diriger avec lui.

C'est à ce moment que commence la carrière active de M. Eugène Chevandier, carrière si bien remplie, que je suis obligé, pour vous la raconter, de renoncer à suivre l'ordre chronologique afin de grouper ensemble les travaux et les faits qui se rapportent aux phases industrielles, scientifiques et politiques de la vie de notre regretté confrère.

M. Eugène Chevandier, nommé à 25 ans sous-directeur à Cirey, se consacra à ses fonctions avec l'ardeur qu'il apportait à toutes ses entreprises. Il fit faire à la fabrication des glaces des progrès qui furent appréciés par le jury de l'Exposition de 1849 et qui lui valurent la croix de la Légion d'honneur.

La fabrique de Cirey eut de tels succès, dans les expositions suivantes, que l'ancienne et puissante Société de Saint-Gobain, dont elle était devenue l'émule, jugea utile de se l'annexer. Cette annexion modifia la situation du directeur de Cirey, qui devint administrateur de la nouvelle Société de Saint-Gobain, Chauny et Cirey. Mais, quoiqu'il eût abandonné en 1860 la direction effective de l'usine de Cirey, il ne cessa pas d'être l'âme de cette industrie, dont la prospérité était en grande partie son ouvrage.

En 1853, M. Chevandier avait fondé à Manheim (grand-duché de Bade), pour le compte de la Société de Saint-Quirin, une verrerie aujourd'hui florissante.

En 1858, il releva de ses ruines, avec le concours de son frère aîné, la verrerie de Wallerysthal, qui allait être fermée. Les bâtiments furent transformés, l'outillage renouvelé, et quelques années après, les actions de cette usine, qui étaient tombées de 500 francs à 300 francs, valaient 1000 francs.

Quand Wallerysthal, compris dans le territoire conquis par l'Allemagne, ne put plus écouler ses produits sur le marché français, MM. Chevandier achetèrent l'usine de Portieux, qui fut bientôt mise au niveau de Wallerysthal.

M. Chevandier avait une trop haute intelligence pour ne pas comprendre le grand rôle que les chemins de fer étaient appelés à jouer dans l'ordre industriel; il fut l'un des fondateurs de la Compagnie de chemins de fer de l'Est et prit une part des plus actives à l'organisation de cette grande entreprise. Depuis 1845 jusqu'à sa mort, il a siégé dans le Conseil d'administration de la Compagnie.

En 1869, alors que le gouvernement se préoccupait de développer les voies ferrées, M. Chevandier s'empressa de faire profiter son pays et sa chère industrie des glaces des avantages de ce moyen de communication. Il décida le conseil d'administration de Saint-Gobain à contribuer à la dépense, les localités intéressées furent entraînées par lui, et le chemin d'Avricourt à Cirey fut créé. Aujourd'hui les actions de ce petit chemin ont dépassé le pair.

M. Chevandier possédait à Soultzbach, près de Sarrebruck, une verrerie dont il devait surveiller la gestion; il avait en outre de grands intérêts dans les houillères de cette région.

On comprend difficilement que la conduite d'affaires aussi nombreuses, aussi importantes, ait permis à M. Chevandier de s'occuper de travaux d'ordre purement scientifique; mais son activité était si grande, sa puissance de travail si remarquable, qu'il put mener à bien, sans négliger ses entreprises, des recherches d'un haut intérêt pour les sciences agricoles et forestières.

Son attention se porta naturellement vers les questions relatives à la culture et à l'exploitation des forêts.

L'industrie de la verrerie employait à cette époque, pour le chauffage de ses fours, de grandes quantités de bois tirés, en grande partie, des forêts que possédait la Société de Saint-Quirin et de celles qui appartenaient à la famille de M. Chevandier qui les administrait. Ces bois, dont la contenance totale s'élevait à 4000 hectares, formaient un vaste champ d'études que le jeune directeur de Cirey sut mettre à profit.

Il s'occupa d'abord de déterminer la composition élémentaire des différentes essences indigènes et le rendement annuel d'un hectare de forêt. Il présenta à l'Académie des sciences, les 22 janvier 1844, 20 janvier 1845 et 5 avril 1847, trois mémoires sur ce sujet.

Pour arriver à connaître la composition chimique des bois qui croissent dans nos climats, il avait dû faire mesurer et peser 600 stères pris dans des arbres d'âges divers, ayant crû dans des conditions différentes de sol et d'exposition. Les échantillons pris dans chacun des rôles dans lesquels ces stères avaient été répartis, furent soumis à une dessiccation prolongée pour les ramener à un état hygrométrique uniforme. Du poids de ces échantillons desséchés il fut facile de passer au poids net des stères d'où ils provenaient; l'analyse à laquelle ils furent soumis permit d'établir la teneur de chaque stère en oxygène, hydrogène, carbone et cendres. L'analyse ultérieure des cendres fit connaître leur composition en éléments minéraux. L'accroissement annuel d'un hectare de forêt ayant été déterminé en volume par des expériences directes, un simple calcul donna le rendement de ce volume dans les divers éléments dont le bois se compose.

Ce rapide exposé de la méthode suivie par l'auteur de ces recherches donne une idée du temps qu'il dut y mettre et du travail auquel il dut se livrer pour arriver à la solution de la question qu'il s'était posée.

Ces recherches, tout à fait originales, furent hautement appréciées. M. Dumas, qui en rendit compte à l'Académie, exprime, dans les termes que je crois devoir reproduire, l'avis de la Commission dont il fut le rapporteur :

« L'Académie a pu juger, par les détails qui précèdent, de la manière large et précise à la fois qui a présidé aux recherches de M. Chevandier. Elle y aura reconnu l'influence des idées qu'elle a tant contribué à répandre, sur la saine intervention des procédés scientifiques dans la discussion des questions agricoles, car l'auteur n'a abordé, dans le cours de son travail, aucun point de vue sans le soumettre immédiatement au contrôle de la balance.

« De telles études méritent tous les encouragements de l'Académie ; elles entraînent à de grands frais ; elles exigent une persévérance rare ; elles sont tellement pénibles, qu'il est donné à peu d'hommes d'en supporter les fatigues. »

Le 15 juillet 1844, M. Chevandier présenta à l'Académie le résultat de ses recherches sur l'influence de l'eau sur la végétation des forêts. Ces études, qui ont exigé des travaux très considérables, sont exposées dans les nombreux tableaux d'un mémoire dont les conclusions sont : qu'un système d'irrigation bien entendu peut augmenter considérablement les produits des forêts, surtout dans les montagnes où la rapidité des pentes, l'exposition aux rayons du soleil, l'action des vents et enfin les déboisements amènent si fréquemment l'aridité du sol.

La question de l'influence des irrigations fut de nouveau étudiée par M. Chevandier en collaboration avec M. Salvetat ; mais cette fois ces recherches ne portèrent que sur la production des prairies.

Le mémoire écrit sur ce sujet fut présenté à l'Académie des sciences le 23 février 1852.

Un autre mémoire sur les quantités d'eau contenues dans le bois de chauffage à différentes époques, présenté à l'Académie des sciences le 1er juin 1846, fit l'objet d'un rapport de M. Brongniart, et obtint, comme les précédents, les honneurs de l'insertion au recueil des savants étrangers.

Parmi les autres travaux de M. Eugène Chevandier, je citerai :

Une note sur la culture forestière en France; note dans laquelle il démontre que la production forestière de notre pays est insuffisante et qu'il est possible de l'accroître de manière à fournir, indépendamment de ce qu'elle donne aujourd'hui, environ trois fois l'équivalent de la consommation actuelle en combustibles minéraux;

Une note sur les ravages produits en 1848 par l'Orgye pudibonde dans les forêts de hêtre des Vosges ;

Un mémoire sur les propriétés mécaniques des bois, fait en collaboration avec M. Wertheim ;

Une note sur les travaux de repeuplement exécutés par lui sur 500 hectares; travaux qui lui valurent une médaille d'or de la Société d'encouragement pour l'industrie nationale. Cette note est un véritable traité de l'art de reboiser les terrains dénudés.

M. Chevandier soumit encore à l'Académie des sciences, en 1851, les résultats de ses expériences sur l'emploi des divers amendements dans la culture des forêts, travail très important, dans lequel sont décrits les effets qu'exercent sur les jeunes peuplements forestiers les amendements employés dans l'agriculture. En 1852, il communiqua à la Société d'agriculture une notice sur les mœurs de l'Hylésine Piniperde, qui figure dans notre Recueil de mémoires.

En outre de ces travaux de longue haleine, il fit paraître dans les *Annales forestières* plusieurs articles sur des questions forestières. Ainsi, le numéro de mars 1848 de ce journal contient l'énergique protestation qu'il éleva contre le décret du gouvernement provisoire, qui ordonnait l'aliénation des forêts de l'État.

Appelé à prendre part au congrès central d'agriculture, ouvert en 1850, il fit adopter par cette réunion des vœux très importants concernant : le défrichement, la répression des délits dans les bois des particuliers, la participation de l'État au payement des centimes communaux et départementaux, le cantonnement des droits d'usage, le transfert du service des forêts au ministère de l'agriculture.

Ses idées sur ce dernier point étaient si bien arrêtées, que le service des forêts allait être transféré à l'agriculture en 1870, quand les événements firent ajourner la réalisation de ce projet.

Si M. Chevandier avait vécu quelques années de plus, son opinion se serait certainement modifiée, car il aurait reconnu que jamais l'administration des forêts n'a subi, pendant qu'elle ressortissait au ministère des finances, les épreuves qui lui ont été infligées depuis qu'elle dépend du ministère de l'agriculture.

Les mêmes vœux, discutés dans la session de 1850 du conseil général de l'agriculture et du commerce, lui fournirent une nouvelle occasion de prouver sa compétence dans toutes les questions qui intéressent la proété priforestière.

De pareils titres désignaient naturellement M. Chevandier à vos suffrages, aussi fut-il nommé, le 2 janvier 1850, membre de la Société d'agriculture, où il prit place dans la section de sylviculture. Il reçut, le 11 mai 1857, le titre honorable de membre correspondant de l'Institut.

Le directeur de Cirey avait une trop grande situation dans le pays pour pouvoir se dispenser d'y jouer un rôle politique. Depuis 1848 jusqu'à sa mort, il représenta le canton de Cirey au conseil général de la Meurthe.

Nommé député en 1859, M. Chevandier fut réélu en 1863 et en 1869. Bientôt apprécié par ses collègues, il fut appelé dans toutes les commissions où se discutaient les questions industrielles ou forestières. Il fut rapporteur des projets de loi sur l'exportation des écorces à tan et des bois de feu, sur le reboisement et le gazonnement des montagnes, sur les routes forestières de la Corse, sur l'Exposition universelle de 1867. Nommé membre de la commission chargée de l'examen du projet de loi d'aliénation des forêts de l'État, présenté par le gouvernement en 1865, il fut choisi comme président par ses collègues.

Il avait combattu, à d'autres époques, des projets analogues, et était fermement résolu à combattre celui-ci; mais il n'était pas sûr de pouvoir entraîner le Corps législatif, fort docile aux désirs du gouvernement.

A cette époque, j'avais avec lui des rapports fréquents, comme secrétaire de la Société forestière dont il était président. Il m'exprima ses craintes. « Il faudrait, me dit-il, éclairer l'opinion publique sur cette question qu'elle ne connaît pas. » Je comptais de nombreux amis dans le corps forestier et j'étais sûr qu'ils m'aideraient à défendre les forêts, même contre le gouvernement. C'était une bataille à livrer, je m'engageai à prendre l'initiative.

Je commençai par publier, sous le nom d'un ancien forestier devenu journaliste, une série d'articles dans le

Courrier français. Quelques centaines de numéros envoyés dans les départements éveillèrent l'attention des forestiers; des lettres confidentielles les invitèrent à insérer dans les journaux de province des articles analogues, en insistant sur les considérations qui rendaient la vente des forêts de l'État nuisible aux intérêts locaux. A Paris, nous nous partageâmes les journaux qui voulurent bien nous ouvrir leurs colonnes, et bientôt la fusillade commença sur toute la ligne. Ce fut un feu roulant.

Une souscription clandestine, ouverte parmi les agents forestiers, fournit les fonds nécessaires pour l'impression des brochures distribuées à profusion aux sénateurs, aux députés, aux membres des conseils généraux.

Pendant que nous agitions ainsi l'opinion publique, M. Chevandier travaillait de son côté à éclairer celle des députés. La Société d'agriculture de la Meurthe émit, à son instigation, un vœu très énergique contre la vente des bois de l'État; d'autres associations agricoles, quelques conseils généraux suivirent cet exemple. L'opposition devint si générale, que le ministre des finances s'en émut. M. Fould avait trop d'esprit pour ne pas comprendre que l'opinion ne s'était pas mise en mouvement toute seule; il voulut savoir d'où provenait l'impulsion, mais la police qu'il mit en campagne ne sut rien découvrir.

Au mois d'août 1865, pendant le voyage de l'empereur en Algérie, l'impératrice fit appeler M. Chevandier avec quelques autres députés et leur demanda avec insistance de ne pas s'opposer à la réalisation d'un projet auquel l'empereur attachait une grande importance. M. Chevandier sut résister à ces instances et le projet de loi fut retiré peu de temps après.

Prévenu par un mot du résultat de cette entrevue, j'en avisai mes complices, et la polémique soulevée par nous cessa comme par enchantement.

Le corps forestier fit preuve, dans cette campagne, d'une admirable union et d'une grande abnégation, car le ministre n'avait pas dissimulé qu'il révoquerait impitoyablement les fonctionnaires qui s'opposeraient à ses desseins. Mais le secret fut bien gardé, personne ne fut révoqué.

La fermeté que M. Chevandier montra dans cette circonstance accrut l'influence qu'il avait sur ses collègues, qui le nommèrent d'abord secrétaire de la commission du budget, puis vice-président du Corps législatif.

Quand Émile Olivier fut chargé par l'empereur de former ce ministère qui devait modifier dans un sens libéral la Constitution de 1852, M. Chevandier reçut de lui le portefeuille important de l'intérieur.

Les graves événements qui se succédèrent dès les premiers jours de la formation de ce ministère sont trop présents à vos mémoires pour que j'aie besoin de les raconter ici. Mais, quoique la politique soit heureusement bannie de cette enceinte, je pense qu'il ne me sera pas interdit de faire connaître la vérité sur l'attitude de notre confrère, au moment où les difficultés diplomatiques rendirent la guerre imminente.

M. Chevandier, qui connaissait très bien la force militaire et l'état des esprits de l'Allemagne, où il avait de nombreuses relations, s'opposa très énergiquement à la déclaration de guerre ; il fit partager son avis à l'empereur, qui était très décidé à ne pas prendre l'initiative des hostilités, quand une nouvelle imprévue vint tout à coup changer sa résolution.

Si M. Chevandier n'avait consulté que son intérêt, il se serait retiré après la déclaration de guerre ; mais il ne voulut pas abandonner ses collègues au moment du danger.

Il conserva son portefeuille jusqu'au jour où le ministère fut renversé par un vote du Corps législatif. Mû par un sentiment peut-être exagéré de son devoir, il garda le silence le plus absolu sur ce qui s'était passé au conseil des ministres, aimant mieux supporter, quelque lourde qu'elle fût, sa part de responsabilité, que d'incriminer la conduite de ses collègues.

Après l'envahissement du Corps législatif et la proclamation de la République, M. Chevandier regagna Cirey, non sans courir quelques dangers, car sa voiture fut arrêtée à Saint-Dié où il eut à subir les insultes d'une populace exaspérée par nos défaites.

Cirey n'étant pas sur la ligne des opérations militaires, ne fut pas occupé par les armées ennemies. M. Chevandier aurait pu s'y reposer en paix, mais il était trop vivement affecté par les malheurs qu'il avait prévus et n'avait pu conjurer, pour que le calme qui régnait autour de lui apaisât les angoisses de son âme. La fin de la guerre ne lui apporta aucune consolation, car lorsque la France accablée dut subir la loi du vainqueur, Cirey se trouva sur la frontière, et Saint-Quirin était devenu territoire étranger.

M. Chevandier, rentré dans la vie privée, porta toute son activité vers l'agriculture, cette grande consolatrice des cœurs blessés.

La modeste maison du sous-directeur de Cirey avait été transformée par lui en une vaste et confortable habitation. Il l'avait entourée d'un parc tracé et planté avec goût. Des acquisitions successives avaient porté à 118 hectares l'étendue des terres qui constituent autour du château un domaine d'un seul tenant, dont 54 hectares sont boisés. Il avait, de l'héritage paternel, deux autres domaines, l'un de $24^h,51$, l'autre de $35^h,16$ et un bois de 685 hectares. C'est sur ces propriétés qu'il se proposa d'appliquer un mode de culture simple, rémunérateur, approprié aux conditions locales.

La tentative était hardie, car le sol argilo-siliceux de la contrée est en général froid et humide et le climat rude. Mais, grâce aux drainages, à l'amélioration des prairies, aux bons aménagements des fumiers, à l'emploi des engrais artificiels, le succès couronna les efforts du propriétaire.

Les détails des travaux qu'exigea cette transformation sont indiqués dans une notice très complète écrite par M. Chevandier à l'occasion du concours régional de 1877, concours dans lequel il obtint le prix d'honneur. Ce fut son dernier triomphe.

Pendant les derniers mois de cette même année, il sentit s'affaiblir les forces qu'il avait surmenées ; il vint à Paris, il assista même à une de nos séances, où il reçut nos félicitations pour ses succès agricoles. Mais il était déjà frappé dans les œuvres vives. Peu de jours après, il fut atteint d'une indisposition qui prit bientôt un caractère alarmant. Aussitôt qu'il comprit la gravité de son état, il réclama les secours de la religion et mourut en chrétien le 2 décembre.

Son corps, transféré sur sa demande à Cirey, y fut inhumé le 5 du même mois, au milieu d'une population entière accourue de tous les points du pays dont il était le bienfaiteur.

La longue énumération que je viens de faire des travaux personnels de M. Chevandier de Valdrôme et des œuvres auxquelles il coopéra donne à peine une idée de l'activité surhumaine qu'il déploya pendant toute sa vie.

Sa vive intelligence, secondée par une organisation robuste, lui permettait de mener de front la science, l'industrie et la politique.

Dès le matin il dépouillait sa nombreuse correspondance et dictait, souvent en s'habillant, les réponses que son secrétaire devait saisir au vol.

Dans les nombreuses assemblées dont il faisait partie, il ne prenait la parole que lorsqu'il le jugeait indispensable; mais lorsqu'il parlait, sa dialectique était celle d'un mathématicien et non d'un avocat. Comme tous les hommes de science, il voulait être convaincu d'abord, pour convaincre ses auditeurs; il ne cherchait pas des arguments, mais des raisons; aussi ses discours étaient-ils écoutés avec déférence, ses idées souvent adoptées.

Les brillantes facultés de l'esprit étaient rehaussées chez M. Chevandier par les qualités plus précieuses encore d'un cœur qui compatissait à toutes les misères. Libéral envers les pauvres, il les aidait non seulement de sa bourse, mais de ses conseils et de sa protection. Les œuvres de bienfaisance créées par lui, et que Mme Chevandier soutient avec une grande sollicitude, sont nombreuses à Cirey, où sa mémoire est vénérée.

M. Chevandier comprenait les devoirs que lui imposait sa haute situation, et il les remplissait avec un dévouement qu'aucun péril n'arrêtait.

En 1849, lors d'une épidémie cholérique qui sévissait à Cirey, il montra tant de courage et de charité, que sa conduite fut signalée dans un rapport publié dans le *Moniteur* du 1er janvier 1850, rapport dans lequel le ministre dit que si M. Chevandier n'avait déjà reçu la croix de la Légion d'honneur à la suite de l'Exposition de 1849, il l'aurait méritée par son admirable conduite pendant le choléra.

En 1860, M. et Mme Chevandier firent preuve d'un tel dévouement pendant une épidémie de fièvre typhoïde qui faisait de nombreuses victimes à Cirey, qu'une médaille d'or fut décernée à chacun d'eux, récompense moins brillante que les hautes distinctions qu'il reçut ultérieurement, mais qui fut d'autant plus précieuse pour lui qu'il la partagea avec sa digne et courageuse compagne.

M. Chevandier, élevé en 1862 au grade d'officier de la Légion d'honneur, reçut en 1869 la croix de commandeur.

Comme tous les hommes dont l'esprit est prompt, M. Chevandier n'était pas un modèle de patience. Ses serviteurs et même ses amis étaient exposés à recevoir les éclats de sa vivacité. Mais il guérissait si spontanément les légères blessures qu'il avait faites, qu'on ne lui en gardait pas rancune. Ses amis lui étaient fidèles, ses serviteurs vieillissaient dans sa maison. Quel plus bel éloge pourrais-je faire de son caractère, dont la brusquerie apparente laissait facilement deviner la bonté native?

Je ne terminerai pas ce résumé, pourtant bien incomplet, de la vie de M. Chevandier de Valdrôme sans exprimer le regret que ses œuvres forestières, aujourd'hui éparses dans un grand nombre de publications, n'aient pas été réunies en un volume. Il m'avait plusieurs fois exprimé l'intention d'entreprendre ce travail.

Je ferai tout mon possible pour réaliser ce vœu. C'est, hélas! le seul moyen qui me reste de m'acquitter de la dette de reconnaissance que j'ai contractée envers notre regretté confrère.

Je ne saurais oublier, en effet, que c'est par ses conseils que j'ai osé solliciter vos suffrages et que je dois à son patronage l'honneur de siéger au milieu de vous.

BIBLIOTHÈQUE R.F. IMPRIMÉS

Paris. — Typ. G. Chamerot, 19, rue des Saints-Pères — 22337.

www.ingramcontent.com/pod-product-compliance
Ingram Content Group UK Ltd.
Pitfield, Milton Keynes, MK11 3LW, UK
UKHW020536180726
13839UKWH00006B/2546

9 782329 485850